主婦の友社

contents

- 4 はじめに
- 6 ワンボウルクッキングって!?　ココがスゴい！／ポイント

Part 1 ワンボウル煮込み　12

14 Keema Curry
キーマカレー

16 **キーマカレー**のおいしい食べ方アレンジ
ドライカレー風いためごはん／キーマチーズトースト／
ミートオムレツ／カレースープ

 18 ハッシュドビーフ　　 26 ラタトゥイユ

 20 鶏肉のカチャトーラ　 28 筑前煮

 22 チャナマサラ　　　　 30 チャプチェ風煮物

 24 ソーセージポトフ

32 ワンボウルで**おつまみ**　まるごと玉ねぎのトマトシチュー／豚肉のプルーン煮／タコミート／
簡単レバーパテ／ハニーマスタードチキン／バーニャカウダ

Part 2 ワンボウルパスタ　34

36 Pasta Pomodoro
パスタ ポモドーロ

 38 菜園風カラフルパスタ　 44 パスタ プッタネスカ

 40 ナポリタン　　　　　 45 ペンネ アラビアータ

 42 カルボナーラ

46 ワンボウルで**アジアめん**　野菜たっぷり中華風焼きうどん／小松菜と干しえびの汁ビーフン

Part 3 ワンボウルスープ 48

50 Minestrone
ミネストローネ

52 トムヤムクン

56 豚汁

54 きのこのクリームスープ

58 ワンボウルで冷たいスープ　かぼちゃの冷製スープ／アボカドのミルクスープ／角切り野菜のサワースープ／ハムとじゃがいものロシア風冷製スープ

Part 4 ワンボウルごはん 60

62 Tomato Chicken Rice
トマトチキンライス

64 牛肉と野菜のクッパ

68 塩鮭の中華風ぞうすい

66 ベーコンとグリーンピースのリゾット風

70 ワンボウルでのっけごはん
72 ワンボウルでサイドメニュー
74 ワンボウル弁当
76 ワンボウルクッキングQ&A
78 ヤミーさんのお気に入り食材＆調味料
79 材料別さくいん

この本の使い方

- 材料は2人分、または1人分で表記しています。また、料理によって4人分や作りやすい分量で表記している場合もあります。
- 大さじ1は15㎖、小さじ1は5㎖、1カップは200㎖です。
- 調理時間は、下ごしらえから完成までかかる時間の目安です。
- 電子レンジの加熱時間は600Wを使用した場合の目安です。500W、700Wの場合は電子レンジ出力（ワット数）別に加熱時間を表記した77ページの表を参照してください。お使いの電子レンジによって加熱時間が異なる場合があるので、様子を見ながら調節してください。
- 野菜類は、特に指定のない場合は、洗う、皮をむくなどの作業をすませてからの手順を説明しています。
- 調味料について特に指定がない場合は、しょうゆは濃口しょうゆ、砂糖は上白糖、小麦粉は薄力粉を使用しています。

はじめに

「料理は時間がないとできない」
「広いキッチンでないと作りにくい」
そんなふうに思っていませんか?

　私が料理の仕事をスタートさせたのは、一口コンロの狭いキッチンからです。

　東京の狭いワンルームマンション。玄関から部屋に行くまでの、洗濯機置き場横のミニキッチン（もっとくわしく言うと、ユニットバスをあけるとぶつかる位置！）。

　「このミニキッチンで、食べたいものを、作りたいものを作るにはどうしたらいいか?」

　その試行錯誤によって生まれた調理方法の一つが、この〝**ワンボウルクッキング**〟です。

　ブログに載せた最初のレシピも、ワンボウル。この本にもある「キーマカレー」(p.14) が、初めて世の中に出したレシピです。そのときのレシピからは少し変わりましたが、基本は同じ。**材料をすべてボウルに入れて、レンジでチン！**

　最初は偶然から生まれたものでしたが、10年以上作り続け、テレビや雑誌で何度も紹介し、そのたびに驚き、喜んでいただいています。それは、思っている以上に簡単で、おいしいからだと思います。

　料理は基本も大事ですが、毎日毎日のことだから、やっぱりパパッと簡単に作りたいですよね。でも、魔法ではないので、切ったり加熱したりすることは必要なこと。では、どうすれば簡単に短時間で作れるか?

　料理によって異なりますが、**電子レンジを使うことで、時短になる料理がたくさんあります**。それを知っていただきたくて、この一冊にまとめることにしました。

「あの料理がこんなに簡単にできるのか！」
そんな驚きのある料理が、私の理想です。

手抜きではなく簡単で、驚きがあっておもしろくておいしい。そんな料理になるよう、この本ではいままで以上に食材の特性を考えて、調味や加熱方法も工夫してレシピを作りました。

料理初心者のかたはもちろん、いままで**ニガテ意識があったかた、作りたいけど時間のないかた、キッチンが狭くて困っているかた**。みなさんの〝ちょっと料理に困ってた〟が、〝ちょっと料理って楽しい！〟になったらうれしいです。

では、どうぞ「ワンボウルクッキング」の魅力をお楽しみください！

ヤミー

究極かんたん！ なべもフライパンも使わない！
ワンボウルクッキングって!?

STEP 1
ボウルに材料を入れる

- 使うのは耐熱ボウル1つだけ
- なべもフライパンも不要！
- 材料はぜんぶボウルに入れちゃう

STEP 2
レンジでチン！

- 一度の加熱時間は10分以内
- 火かげんを気にする必要ナシ
- レンジまかせで別のことをしててもOK

材料ぜ〜んぶ1つのボウルに入れて、チンするだけ。
だから"ワンボウル"クッキング！
なべもフライパンも、もちろん火も使わずに作れて、手順はたったの3ステップ。
「たったこれだけ!?」の手間で、煮込みもパスタもできちゃいます。

STEP 3
熱々をまぜたら、もう完成！

レンチン たったの5分で、キーマカレーができ上がり！

- 何十分もコトコト煮たみたいなおいしさ
- 洗い物は最小限！
- 調理もあと片づけもラクチン

ワンボウルクッキングのココがスゴい!

使うのはたった1つのボウルだけ。〝ワンボウル〟クッキングなら、なべもフライパンも火も使わずにおいしく作れてしかも時短! 料理初心者はもちろん、忙しいかた、火を使うのが心配なかたにも。「まちがいなくおいしく作れる」料理です。

全品たったの3ステップ

この本のどのレシピも、シンプルな3プロセスで作れます。むずかしいことは全部パス。手間を省いておいしく作れるアイディア満載!

ラクラク時短

コトコト煮込むカレーや煮物が半分以下の時間で作れます。パスタなら、別のなべに湯を沸かしてゆでる時間も必要なし。

電子レンジで安心

材料をボウルに入れたら、あとは電子レンジにおまかせ! ずっと火のそばにいなくてもOK。火かげんも気にせずに調理できます。

洗い物は最小限

使う調理器具は耐熱ボウル1つと、まぜるスプーンや箸だけ。なべもフライパンも使わないので、あと片づけがラクチンです。

余分な油を使わないからヘルシー

焦げる心配がないので、油はあまり使いません。それぞれのレシピに、油を加えなくてもコクやうまみを引き出すコツがあります。

お留守番ごはんにも便利

「あとでチンしてね」と加熱時間をメモして材料を入れたボウルを冷蔵室へ。お留守番の子どもや、時間差で食事をする家族が、作りたてごはんを味わうことができます。

ワンボウルクッキングは
こんな料理が得意

まるでコトコト煮込んだみたいな
＼ 煮込み料理＆スープ ／

10分以内のレンチンとは思えない、じっくり煮込んだおいしさに！ やわらか野菜の煮込み料理や、うまみたっぷりのスープが手軽に作れます。忙しくて時間をかけて煮込めない日や、朝ごはんにも。

ソーセージポトフ（p.24）

ミネストローネ（p.50）

＼ 1人分「パスタ」 ／

具、ソース、パスタを1つのボウルで同時に調理。パスタを別のなべでゆでる手間も、パスタとソースのでき上がるタイミングを気にする必要もなし！ 1人分のパスタを作りやすいのもワンボウルクッキングならでは。

ナポリタン（p.40）

＼ 1皿満足 ごはん物 ／

1つのボウルで作る、具だくさんの主食。食卓の主役になれるから、忙しくて何品も作れないときにパワーを発揮！ ごはん物をパパッと作りたいとき、炊いたごはんが余ったときにも。

ベーコンとグリーンピースのリゾット風（p.66）

ヤミーさん直伝！ワンボウルクッキングの

使用する道具

耐熱ボウル

この本では、直径約21cm、深さ約9cmの耐熱性のガラスボウル（約1.5L）を使っています。電子レンジ使用可能な材質であれば、ガラス以外でもだいじょうぶ。たとえば陶製の深めのどんぶりでもこれに近いサイズであればOK。

どんぶりなどを使用する場合は、電子レンジ加熱で変質する心配のない、無地のものがおすすめ。金属の装飾や色絵があるものはNGです。

材質について 耐熱ガラス製のほか、電子レンジ用のポリカーボネート製、シリコンゴム製のものも使えますが、加熱時間に多少差があるので、初めは加熱時間を短めに設定し、様子を見ながら追加加熱してください。

ラップ

一般的な30cm幅のラップを使います。かけ方のコツは「ふんわり」です。ぴっちり余裕なくかけると、加熱されて出た蒸気の圧力でラップが裂けることがあるので、気をつけましょう。

ラップの表面がピンと張らず、ちょっとしわがあるくらいが◎。

電子レンジ

この本のレシピはすべて出力600Wの電子レンジで加熱しています。お使いの電子レンジのワット数が異なる場合は、77ページの表を参照して調整してください。

ミトン

加熱後の耐熱ボウルはとても熱くなっています。とり出すときや熱いうちにまぜるときは、ミトンやなべつかみを使いましょう。ボウルをしっかりつかめる、厚手のものがおすすめです。

ポイント

ワンボウルクッキングに使う主な道具は、電子レンジと耐熱ボウルだけ。むずかしいコツはありませんが、道具の基本やおいしさアップのポイントを知っておくと、より完成度がアップしますよ。

クッキングシート

料理によってはラップを使わずに、オーブン料理などに使うクッキングシートを落としぶたのようにのせて加熱するものがあります。適度に水分をとばしながら、飛び散りも防げます。

いつもの落としぶたのように、食材に密着させてのせて。

レンチン用 落としぶたの作り方

耐熱のクッキングシートを使い、簡単に作れます。ボウルの大きさに合わせてまとめて作っておくと便利!

1. クッキングシートを三角に半分に折り、これを3回くり返して折る。
2. ボウルの半径に合わせて、上部を切り落とし、先端を少し切って穴をあける。

おいしさアップの名わき役

短時間でコクを出す

フライドオニオン

いためたり、焼いたりしないワンボウルクッキングに、深いコクと味わいをプラスしてくれるフライドオニオンは、私の大のお気に入りアイテムです。

* キーマカレー(p.14)、パスタ ポモドーロ(p.36) などで使用。

トマト缶

トマトのうまみが凝縮されていて、生のトマトよりも味が濃いので、短時間でもコトコト煮込んだおいしさを引き出してくれます。

* 鶏肉のカチャトーラ(p.20)、トマトチキンライス(p.62) などで使用。

味にアクセントをつける

アンチョビー

独特の発酵臭と個性的な風味があり、少し加えるだけで味に奥行きが出るので、ワンボウルパスタや、ゆで野菜のソース作りに欠かせません。

*パスタ プッタネスカ(p.44)、アンチョビーポテト(p.73) などで使用。

ローリエ

すがすがしい香りが大好き! なべで作る肉の煮込み料理によく使われますが、ワンボウル煮込みでもこれを入れる、入れないでおいしさに差がつきます。

*ハッシュドビーフ(p.18)、ソーセージポトフ(p.24) などで使用。

カレー粉

刺激的な香りとさわやかな辛みが、料理のアクセントになって全体の味を引き締めてくれます。材料によくまぜて加熱すると香りが引き立ちます。

*キーマカレー(p.14)、チャナマサラ(p.22) などで使用。

ドライハーブ

ほんの少量をひと振りするだけで、グッと本格派のおいしさに近づきます。使いすぎると味のバランスがくずれるのでレシピの分量を守ってくださいね。

*きのこのクリームスープ(p.54)、タコミート(p.32) などで使用。

one bowl cooking
Part
1
ワンボウル煮込み

じっくり煮込んでおいしさを引き出すのが常識の
煮込み料理が加熱時間10分前後で完成します！
1つのボウルに材料を入れたら、あとは電子レンジにおまかせ。
簡単すぎて、ビックリするほどおいしい！
「キーマカレーや筑前煮がレンジでできちゃうなんて信じられない〜！」
というかたに、ぜひぜひ作ってほしい自慢のレシピです。

ワンボウル煮込みのおいしいコツ

＼下味をからめる／　＼肉は野菜の上にのせる／　＼余熱で蒸らす／

肉は下味をからめておくことで、短時間でしっかり味がなじみます。

水分を多く含む野菜の上に肉をのせて加熱すると、しっとりジューシーに。

加熱後まぜて再びラップをかけて蒸らせば、中まで味がしみ込みます。

ワンボウル 煮込み

Keema Curry
キーマカレー

ブログでも大人気！ ワンボウル煮込みの代表格です。
耐熱ボウルに材料をぜ～んぶ入れて電子レンジへ。
たったの5分で、憧れのキーマカレーができちゃいます。
なべやフライパンはもちろん、包丁も使いません！
油でいためたりしないから、とてもヘルシーですよ。

Yummy! Point

とにかくまぜるだけ！ ひき肉以外は買いおきしておける材料しか使わないから、思いついたらすぐに作れます。しかも調理時間はたった10分！ おなかペコペコでも待たずに食べられるお気に入りレシピです。

ワンボウル 煮込み　調理時間 ▶ **10**分

Keema Curry
キーマカレー
の作り方

STEP 1
材料をまぜる

耐熱ボウルに**A**を入れてよくまぜ、全体がなじんだら**B**を加えてまぜ合わせる。

材料（2人分）

- **A**
  - 鶏ひき肉 …… 150g
  - 塩 …… 小さじ½
  - にんにくのすりおろし …… 小さじ¼
  - しょうがのすりおろし …… 小さじ½
  - カレー粉 …… 大さじ1
  - フライドオニオン（p.15、78）
    …… 大さじ3
  - 小麦粉 …… 小さじ2
- **B**
  - トマト缶（カットタイプ）
    …… ½缶（200g）
  - 水 …… ¼カップ

先にひき肉に調味料や小麦粉などをまぜておくと、味がよくなじむ！

レンジ加熱
ラップをかけて
600wで5分

材料memo

フライドオニオン

サラダのトッピングによく使われますが、私はレンチンレシピに欠かせない「調味料」として使っています。刻んだ玉ねぎに小麦粉と食塩をまぜてローストしてあり、少量で味に深みが出ます。めんどうなみじん切りやいためる作業がパスできてとても便利。

ワンボウル煮込み｜キーマカレー

STEP 2
加熱する

ラップをかけて、電子レンジで5分加熱する。

STEP 3
熱いうちにまぜる

とり出して熱いうちによくまぜる。器に盛り、好みでごはん、香菜を添える。

加熱 BEFORE

レンジでチン!!

加熱 AFTER

ラップはふんわりかけて！

加熱ムラ防止のため熱いうちにまぜ余分な水分をとばす

15

Keema Curry の (p.14) おいしい食べ方アレンジ
キーマカレー

ごはんといためるだけで絶品！
ドライカレー風いためごはん

材料 (1人分)

キーマカレー(p.14) …… 1カップ
あたたかいごはん …… 200g
塩、あらびき黒こしょう …… 各少々
香菜のざく切り …… 適量

作り方

1 フライパンにキーマカレーを入れて中火にかけ、水分がとんでパラリとするまでいためる。

2 ごはんを加え、ほぐしながらいため合わせ、味をみて塩、黒こしょうで味をととのえる。器に盛り、香菜を添える。

チーズをプラスして食べごたえ＆コクをアップ
キーマチーズトースト

材料 (1人分)

キーマカレー(p.14) …… 1/2カップ
食パン …… 1枚
バター …… 5g
ピザ用チーズ …… 30g

作り方

1 食パンにバターを塗り、キーマカレーを広げてのせ、チーズを散らす。

2 あたためたオーブントースター（1000W）でチーズがとけるまで焼く。

キーマカレーは食べ方アレンジをいろいろ楽しめますよ！
ごはんやパンと組み合わせたり、卵をプラスして食べごたえ満点のおかずにしたり。
多めに作って、いろんな食べ方を楽しんでみてください。

ワンボウル煮込み｜キーマカレーのおいしい食べ方アレンジ

オーブントースターでふっくら焼くだけ
ミートオムレツ

材料（2人分　12×18cmの耐熱皿1個分）

キーマカレー(p.14) …… 1/2カップ
卵 …… 3個
塩、あらびき黒こしょう …… 各適量

作り方

1 ボウルに卵を割りほぐし、キーマカレーを加えてまぜる。味をみて塩、黒こしょうを加える。

2 耐熱皿にサラダ油（分量外）を薄く塗り、1を入れる。

3 あたためたオーブントースター（1000W）で15分ほど焼く。

1杯で大満足の野菜たっぷりスープ
カレースープ

材料（2人分）

キーマカレー(p.14) …… 1/2カップ
じゃがいも …… 1個（約150g）
にんじん …… 1/4本（約40g）
塩 …… 小さじ1/4
あらびき黒こしょう …… 少々

作り方

1 じゃがいも、にんじんは1cm角に切る。

2 耐熱ボウルに1を入れてラップをかけ、電子レンジで3分加熱する。

3 キーマカレー、塩、黒こしょうを加えてよくまぜ合わせ、水1/2カップを加えて再びラップをかけて3分加熱する。

ワンボウル 煮込み　調理時間 🕐 > **20**分

Hashed Beef
ハッシュドビーフ

電子レンジで、しかもワンボウルで
こんなにうまみたっぷりに仕上がるなんて!
秘訣は、赤ワイン、ケチャップ、中濃ソースのバランスです。
そして忘れてはならないのがローリエ。
これでグッと本格的な味わいになります。

ワンボウル煮込み ハッシュドビーフ

材料 (2人分)

牛切り落とし肉 …… 150g
塩 …… 小さじ1/8
あらびき黒こしょう …… 少々
小麦粉 …… 小さじ1

A
- 玉ねぎの薄切り …… 1/2個分(約100g)
- マッシュルームの薄切り …… 4個分(約40g)
- サラダ油 …… 小さじ1
- 赤ワイン …… 大さじ3
- トマトケチャップ …… 大さじ2
- 中濃ソース …… 大さじ1

B
- ローリエ …… 1枚
- 水 …… 1/4カップ

バター …… 10g

準備

・牛肉は塩、黒こしょうを振って小麦粉をまぶす。

包装のパックの中で下味をつけて洗い物を省略

STEP 1 材料をまぜる

耐熱ボウルに牛肉、**A**を入れてよくまぜ合わせ、**B**を加えてさっとまぜる。

STEP 2 加熱する

レンジ加熱 落としぶたをして 600wで8分

クッキングシートの落としぶた(p.11)をし、電子レンジで8分加熱する。

加熱 BEFORE → レンジでチン!! → 加熱 AFTER

落としぶたで飛びはね防止!

STEP 3 熱いうちにまぜる

とり出して熱いうちにバターを加えてよくまぜる。好みでパセリを振ったごはんを添える。

バターは風味を残すように仕上げに加えて

ワンボウル 煮込み　調理時間 🕐 > **20**分

Chicken Cacciatora

鶏肉のカチャトーラ

イタリア・トスカーナ地方の人気料理、鶏肉のトマト煮です。
少し大きめに切った鶏肉と野菜をトマト缶で煮込むだけ。
煮込むといっても、レンジでたったの8分！
おもてなしにもおすすめの一皿です。

> 材料 (2人分)

鶏もも肉 …… 1枚 (300g)
塩 …… 小さじ½
玉ねぎの薄切り …… ½個分 (約100g)
ピーマン …… 1個 (約40g)
まいたけ …… 1パック (約100g)
にんにく …… 1かけ
A ┌ オリーブ油 …… 大さじ1
　　└ トマト缶 (カットタイプ) …… ½缶 (200g)

> 準備

・鶏肉は4等分に切り、塩をもみ込む。
・ピーマンは縦に1cm幅に切る。
・まいたけは食べやすく小さくほぐす。
・にんにくはつぶす。

ワンボウル 煮込み｜鶏肉のカチャトーラ

STEP 1
材料を順に入れる

耐熱ボウルにまいたけ、ピーマン、玉ねぎ、にんにく、鶏肉の順に重ね入れ、**A**をかける。

STEP 2
加熱する

レンジ加熱 落としぶたをして 600wで8分

クッキングシートの落としぶた(p.11)をし、電子レンジで8分加熱する。

STEP 3
熱いうちにまぜる

とり出して熱いうちにまぜる。

加熱 BEFORE → レンジでチン!! → 加熱 AFTER

鶏肉をおおうようにしてトマト缶をかけることで肉にしっかり味がつく

鶏肉にソースをからめるようにさっくりまぜて

ワンボウル 煮込み　調理時間 🕛 > **15分**

Chana Masala

チャナマサラ

インドで最もポピュラーな
ひよこ豆のカレーです。
水煮缶のひよこ豆を使えば、
電子レンジ加熱でもしっかり味がしみて、
本場に近い味わいに仕上がります。
パンにのっけて食べるのがおすすめ！

Yummy! Point

チャナマサラは北インドの代表的なカレーです。〝チャナ〟はひよこ豆、〝マサラ〟は混合スパイスのこと。インド料理もひよこ豆も大好きな私にとって、絶対はずせない一品です。パリッと焼いたチャパティやぷっくり揚げたプーリーなど、インドのパンと合わせるのがお気に入りです。

材料 (2人分)

A
- 玉ねぎのあらいみじん切り …… 1/2個分 (約100g)
- しょうが、にんにくのすりおろし …… 各1かけ分
- サラダ油 …… 大さじ2
- カレー粉 …… 小さじ2
- あらびき黒こしょう …… 小さじ1/2
- トマト缶 (カットタイプ) …… 1/2缶 (200g)

ひよこ豆の水煮缶 …… 1缶 (400g 固形量240g)
レモン汁 …… 小さじ1
塩 …… 適量

準備
・ひよこ豆の水煮の缶汁をきる。

ワンボウル 煮込み — チャナマサラ

STEP 1 材料をまぜて加熱する
レンジ加熱 ラップをかけて600Wで5分

耐熱ボウルに**A**を入れてよくまぜ、ラップをかけて電子レンジで5分加熱する。

STEP 2 ひよこ豆を加えて加熱する
レンジ加熱 ラップをかけて600Wで5分

とり出してひよこ豆を加えてまぜ、ラップをかけて電子レンジで5分加熱する。

STEP 3 熱いうちにまぜる

とり出して熱いうちによくまぜ、レモン汁を加え、味をみて塩少々を振る。好みでナンを添える。

加熱 BEFORE　レンジでチン!!

レンジでチン!!　加熱後、油が浮いて見えればOK

加熱 AFTER

レモン汁は加熱後に加えて香りと酸味を生かす

23

ワンボウル 煮込み　調理時間 > **20**分

Sausage pot-au-feu
ソーセージポトフ

買いおきの野菜とソーセージだけで作れる、
素朴な煮込み料理です。
ソーセージのコクが野菜にからんで、
さっぱり味なのにおなかは大満足！
キャベツやにんじんの
うまみがしみ出たスープごと召し上がれ！

Yummy! Point

野菜はブロッコリーや小さく切ったじゃがいもでもOKです。ポイントは、水分を加える前に具を加熱してしっかり火を通しておくこと。これでそれぞれのうまみが引き出されます。

ワンボウル 煮込み ソーセージポトフ

材料（2人分）

- ウインナソーセージ …… 4本（80g）
- キャベツ …… ¼個（300g）
- 玉ねぎ …… ½個（100g）
- にんじん …… ½本（約75g）
- ローリエ …… 1枚
- **A** ┌ 塩 …… 小さじ½
  └ オリーブ油 …… 大さじ2
- あらびき黒こしょう …… 適量

準備

- ソーセージは斜め半分に切る。
- キャベツ、玉ねぎはそれぞれ4等分のくし形切りにする。
- にんじんは1cm角の棒状に切る。

STEP 1 材料を加熱する
レンジ加熱　ラップをかけて600Wで8分

耐熱ボウルに準備した材料を並べ入れ、ローリエを中央にさし込んでAを加える。ラップをかけて電子レンジで8分加熱する。

STEP 2 水を加えて加熱する
レンジ加熱　ラップをかけて600Wで5分

とり出して野菜に火が通っていたら、水1カップを加え、再びラップをかけて5分加熱する。

STEP 3 熱いうちにこしょうを振る

とり出して熱いうちに黒こしょうを振って味をととのえ、ボウルに残ったスープとともに器に盛る。

> オリーブ油をかけると温度が上がって火の通りがよくなり、うまみが引き出される

> かたいようならこのまま30秒ほど追加加熱を。しっかり火が通っていないと、うまみ不足になることも

ワンボウル 煮込み　調理時間 > **20**分

Ratatouille
ラタトゥイユ

水やスープはいっさい加えず、
水分はすりおろしたトマトだけ。
だから野菜の味がギュッと詰まっています。
レンジ加熱なので、栄養もキープされていて
ビタミン補給にぴったりの一皿です！

\ Yummy! Point /

ラタトゥイユはできたてもいいけれど、冷たくしてもおいしい！　これを作った翌朝は、野菜からしみ出た煮汁にパンをひたして食べます。ビタミンたっぷりで、体の中からキレイになれる気がします。

材料 (2人分)

- なす …… 1個（約80g）
- ズッキーニ …… ½本（約75g）
- パプリカ(赤) …… ½個（約75g）
- 玉ねぎ …… ¼個（約50g）
- にんにく …… 1かけ
- トマト …… 1個（約100g）
- A
  - オリーブ油 …… 大さじ3
  - 塩 …… 小さじ½
  - ローリエ …… 1枚

準備

- なすとズッキーニは2cm厚さの半月切りにする。
- パプリカ、玉ねぎは一口大に切る。
- にんにくは縦半分に切ってしんを除く。
- トマトはすりおろす。

ワンボウル 煮込み　ラタトゥイユ

STEP 1
レンジ加熱　ラップをかけて600Wで5分

材料を加熱する

耐熱ボウルにトマト以外の野菜とAを入れてざっとまぜ、ラップをかけて電子レンジで5分加熱する。

STEP 2
レンジ加熱　ラップなしで600Wで5分

トマトを加えて加熱する

とり出してトマトのすりおろしを加えてまぜる。ラップをかけずに再び5分加熱する。

STEP 3

熱いうちにまぜる

とり出して熱いうちにまぜ、冷ます。

加熱BEFORE → レンジでチン!! → レンジでチン!! → 加熱AFTER

加熱している間に、トマトをすりおろすと効率アップ

味が全体になじむようによくまぜてから冷まして

Chikuzen-ni
筑前煮

和の定番煮物がこんなに簡単においしく作れちゃって
われながら〝ワンボウルクッキング〟に感動！
じっくり煮込んだおいしさに仕上げるコツは
加熱後にぴっちりとラップをかけて
冷ましながら味を含ませること。

Yummy! Point

「電子レンジで、しかもボウル1つで作った筑前煮!?」。はじめはだれも信じてくれませんでした！ 料理は苦手、でも和食大好き♪という人に絶対おすすめのレシピです。

ワンボウル煮込み｜筑前煮

材料 （2人分）

鶏もも肉 …… 1枚（約250g）
A ┌ しょうゆ …… 大さじ2
　├ 砂糖 …… 大さじ1
　└ ごま油 …… 大さじ½
かたくり粉 …… 小さじ1
ゆでたけのこ …… 100g
にんじん …… ¼本（約40g）
しいたけ …… 2個（約50g）
さやいんげん …… 4本（約30g）

準備

・鶏肉は余分な脂と筋を除いて一口大に切り、ポリ袋に入れてAを加え、もみ込み、加熱する直前にかたくり粉を加えてまぶす。
・たけのこ、にんじんは小さめの一口大の乱切りにする。
・しいたけは4等分に切る。
・いんげんは3cm長さに切る。

STEP 1 レンジ加熱 ラップをかけて600Wで3分
かたい野菜を加熱する
耐熱ボウルにたけのこ、にんじんを入れ、ラップをかけて電子レンジで3分加熱する。

STEP 2 レンジ加熱 ラップをかけて600Wで5分
鶏肉を加えて加熱する
とり出して、しいたけ、いんげんをまぜ、準備した鶏肉を汁ごとのせる。再びラップをかけて5分加熱する。

STEP 3
熱いうちにまぜ、蒸らす
とり出して熱いうちにまぜ、再びラップをかけて冷めるまでおく。

野菜をまぜて余分な水分をとばしてから鶏肉をのせる

ラップをぴったりとかけて冷めるまでおくと味がよくなじむ

ワンボウル 煮込み　調理時間 > **15**分

Japchae
チャプチェ風煮物

韓国料理屋さんで必ずオーダーしちゃう
あの人気料理がたったの5分加熱で完成します。
電子レンジで煮物風に味を含ませるのがこのレシピの特徴。
コツは、牛肉にごま油やおろしにんにくを
しっかりもみ込んでおくこと。

Yummy! Point

〝チャプチェ〟を本格的に作ろうとすると、かなりめんどう。材料をそれぞれ別にいためて、そのつど味つけをして、最後にあえる……。そんな手間を全部省けたら、と思いついたのが、このワンボウルレシピです。ごはんにのせてもおいしいですよ！

材料 （2人分）

牛切り落とし肉 …… 80g

A
 にんにくのすりおろし …… 小さじ¼
 しょうゆ …… 大さじ1.5
 砂糖 …… 小さじ1
 ごま油 …… 大さじ1

はるさめ …… 40g

さやいんげん …… 4本（約30g）

にんじん …… ¼本（約40g）

玉ねぎ …… ¼個（約50g）

> はるさめは
> かたくてOK!

準備

・牛肉は1cm幅に切り、ポリ袋に入れて A を加えてもみ込む。

・はるさめは熱湯に1分ほどつけ、湯をしぼって3等分に切る。

・いんげんは斜め切りにする。

・にんじんは4cm長さのせん切りにする。

・玉ねぎは薄切りにする。

ワンボウル 煮込み ｜ チャプチェ風煮物

STEP 1
材料を順に入れる

耐熱ボウルに準備した野菜、はるさめを入れ、上に牛肉を汁ごとのせ、水1カップを回し入れる。

STEP 2

> レンジ加熱
> ラップをかけて
> 600wで5分

加熱する

ラップをかけて電子レンジで5分加熱する。

STEP 3
熱いうちにまぜる

とり出して熱いうちにまぜる。器に盛り、好みで糸とうがらしを飾る。

> はるさめはかために
> もどしておくと
> 味がよくしみる!

加熱
BEFORE

レンジで
チン!!

加熱
AFTER

31

ヤミーさんのとっておき！ワンボウルで

トロトロの玉ねぎの甘みを満喫！
まるごと玉ねぎのトマトシチュー

材料（1人分）と作り方　調理時間 >12分

1 <u>玉ねぎ小2個</u>は上下を少し切り落とし、上部に十文字の切り込みを入れる。

2 耐熱ボウルに1の切り込みを入れた面を上にして並べ入れる。<u>トマト缶（ホールタイプ）200g</u>を加え、<u>塩小さじ1/4</u>、<u>こしょう小さじ1/8</u>を振り、<u>バター大さじ1</u>を半分にちぎって玉ねぎの上にのせる。

3 ラップをかけて電子レンジで9分ほど加熱する。

赤ワインと相性バツグン！
豚肉のプルーン煮

材料（2人分）と作り方　調理時間 >8分

1 耐熱ボウルに<u>豚こまぎれ肉150g</u>、<u>ドライプルーン（種なし）6個</u>、<u>赤ワイン1/4カップ</u>、<u>タイム（粉末）小さじ1</u>、<u>ガーリックパウダー小さじ1/8</u>を入れて軽くまぜる。

2 ラップなしで電子レンジで6分加熱する。

3 熱いうちにまぜ合わせ、<u>塩小さじ1/4</u>、<u>こしょう小さじ1/8</u>を振る。好みでレタスを添えて器に盛る。

ごはんにのせたらタコライスに ## タコミート

材料（2人分）と作り方　調理時間 >10分

1 耐熱ボウルに<u>豚ひき肉200g</u>、<u>フライドオニオン（p.78）</u>、<u>トマトケチャップ各大さじ2</u>、<u>カレー粉小さじ1/2</u>、<u>チリパウダー、ガーリックパウダー各小さじ1/4</u>、<u>トマト缶（カットタイプ）1/2カップ</u>を入れてまぜる。

2 ラップをかけて電子レンジで6分加熱し、熱いうちにまぜ合わせる。

3 器に盛り、好みで水菜のざく切りを添え、<u>ピザ用チーズ、サルサソース各大さじ2</u>を散らす。

おつまみ

ブログで人気の私の定番メニュー6品です。
ワンボウルで簡単に作れるから、気軽に作ってあげられます。
飲みながらガッツリ食べたい人にも、軽くつまみたい人にもどうぞ！

家飲みでいちばん人気！ 簡単レバーパテ

材料（2人分）と作り方　調理時間 > **15**分　※冷やす時間を除く

1. **豚レバー200g**は流水で洗って水けをふき、**豚背脂肉50g**とともにあらいみじん切りにし、耐熱ボウルに入れる。**ブランデー大さじ3**、**フライドオニオン(p.78)大さじ2**、**ドライパセリ大さじ1**、**にんにくのすりおろし小さじ¼**を加えてまぜる。

2. ラップをかけて電子レンジで2分20秒加熱し、熱いうちにフォークでつぶす。**塩、こしょう各小さじ¼**をまぜて表面を平らにならし、ラップなしでさらに6分加熱する。

3. パウンド型などに移し、アルミホイルでふたをし、皿などの軽い重しをのせ、あら熱がとれたら冷蔵庫で冷やす。好みでトーストにのせる。

甘み&辛みにスパイシーな香りをプラス
ハニーマスタードチキン

材料（1～2人分）と作り方　調理時間 > **15**分

1. 耐熱ボウルに**鶏手羽元3～5本**を入れ、**塩、こしょう各小さじ¼**を振る。**はちみつ大さじ2**、**マスタード大さじ1**、**カレー粉小さじ1**を加えてよくまぜる。

2. 鶏肉が重ならないように並べ、ラップなしで電子レンジで6分加熱する。

3. とり出して鶏肉の上下を返し、さらに加熱する。手羽元3本の場合は3分40秒、4本の場合は4分50秒、5本の場合は6分加熱する。

好きな野菜をたっぷり添えて バーニャカウダ

材料（作りやすい分量）と作り方　調理時間 > **6**分

1. **にんにく4～5かけ**は薄皮をつけたままラップで包み、指でつぶれるくらいまで、電子レンジで40秒ほど加熱し、薄皮を除く。

2. 耐熱ボウルに**1**を入れ、フォークでしんを除きながらつぶす。**アンチョビー（フィレ）5枚**を加え、ラップをかけて50秒ほど加熱する。

3. **オリーブ油¼カップ**を加え、アンチョビーをつぶしながらまぜる。再びラップをかけてさらに40秒ほど加熱し、**オリーブ油大さじ1**をまぜる。好みでゆでたじゃがいもや生野菜につけて食べる。

one bowl cooking
Part 2
ワンボウル
パスタ

なべにたっぷりの湯を沸かす必要がなく、耐熱ボウル1つに、ソースも具もパスタもぜ〜んぶ入れてレンジ加熱すればでき上がり！パスタのゆでかげんや、調味料を合わせるタイミングに悩むこともありません！だれでもちゃんとおいしく作れる画期的なレシピです。

ワンボウルパスタのおいしいコツ

ロングパスタは半分に折って

耐熱ボウルに入る長さに折って加熱します。ソースの水分でほどよくアルデンテに仕上がります。

加熱時間はパスタの太さで調節を

パスタの加熱時間は、袋の表示時間にプラス2分が基準です。この本では、ロングパスタは太さ1.4mm、ゆで時間6分のものを使用しています。

ソースの水分は様子を見てかげんして

加熱後、水分が多く残っているときはラップをせずに20〜30秒、追加加熱をしてください。パスタがまだかたいようなら水少々を加えてラップをし、20〜30秒を目安に追加加熱してください。

Yummy! Point

道具は耐熱ボウルと菜箸だけ！ 包丁も使わずに作れちゃいます。フライドオニオンを加えるのがうまみアップのコツです。あれこれ料理するのがめんどうな日の1人ランチに大活躍してくれます。

ワンボウル パスタ

Pasta Pomodoro
パスタ ポモドーロ

〝ポモドーロ〟はイタリア語でトマトのこと。
ソースの主役は、トマト缶&オリーブ油です。
シンプルな材料で、しかもワンボウルで作るのに、
パスタ屋さんの味に負けないおいしさ！
にんにくや赤とうがらしを加えれば、
アラビアータにアレンジできます。

ワンボウル パスタ　調理時間 > **12**分

Pasta Pomodoro
パスタ ポモドーロ
の作り方

STEP 1

レンジ加熱
ラップをかけて
600Wで**5**分

材料をまぜて加熱する

耐熱ボウルに **A** を入れてよくまぜ、スパゲッティを半分に折って加える。ざっとまぜ、ラップをかけて電子レンジで5分加熱する。

材料 （1人分）

A
- トマト缶（カットタイプ） …… ½缶（約200g）
- フライドオニオン（p.78）…… 大さじ1
- 塩 …… 小さじ¼
- こしょう …… 小さじ⅛
- オリーブ油 …… 大さじ1
- 水 …… ½カップ

スパゲッティ（6分ゆで）…… 80g
オリーブ油 …… 大さじ1
バジル …… 適量

加熱 BEFORE　レンジでチン!!

先にソースの材料をまぜてからスパゲッティを加えて

ワンボウルパスタ｜パスタ ポモドーロ

STEP 2
まぜ合わせて加熱する

レンジ加熱 ラップをかけて 600Wで3分

とり出して全体をまぜ合わせ、再びラップをかけて3分加熱する。

よくまぜて
スパゲッティの
くっつきを
ほぐす

STEP 3
熱いうちにオリーブ油をまぜる

とり出して熱いうちにオリーブ油を加えてよくまぜる。器に盛ってバジルを添える。

熱々にオリーブ油を
加えるとスパゲッティを
ほぐしやすい

レンジでチン!!

加熱 AFTER

| ワンボウル パスタ | 調理時間 🕐 ＞ **15分** |

Colorful Vegetable Pasta

菜園風カラフルパスタ

冷蔵庫にちょっとずつ残ってしまった
野菜で手軽に作れます。
さっぱりとした塩こしょう味だから
食欲のない日もモリモリ食べられます。
仕上げにあらびき黒こしょうをたっぷり振って
辛み＆香りアップするのがおすすめ。

Yummy! Point

具は野菜だけ！ 野菜不足かなと感じた日の定番です。食物繊維を補給するとともに、野菜室も整理できて一石二鳥。これに、ツナを加えたり、卵のサラダを添えたら栄養バランスもととのいます。

材料 (1人分)

A
- ブロッコリー …… 60g
- キャベツ …… 1枚（約50g）
- 玉ねぎの薄切り …… ¼個分（約50g）
- にんにくの薄切り …… ½かけ分
- 塩 …… 小さじ¼
- オリーブ油 …… 大さじ1
- 水 …… 1カップ

- スパゲッティ（6分ゆで）…… 80g
- ミニトマト …… 3個
- あらびき黒こしょう …… 適量

準備

- ブロッコリーに4等分の小房に分ける。
- キャベツは一口大のざく切りにする。
- ミニトマトはへたをとる。

ワンボウルパスタ ／ 菜園風カラフルパスタ

STEP 1 材料をまぜて加熱する
レンジ加熱 ラップをかけて 600wで 5分

耐熱ボウルに **A** を入れてよくまぜ、スパゲッティを半分に折って加える。ざっとまぜ、ラップをかけて電子レンジで5分加熱する。

STEP 2 ミニトマトを加えて加熱する
レンジ加熱 ラップをかけて 600wで 3分

とり出してミニトマトを加えてまぜ合わせ、再びラップをかけて3分加熱する。

STEP 3 熱いうちにまぜる

とり出して熱いうちによくまぜ、黒こしょうを振る。

スパゲッティを加える前に、野菜に塩、オリーブ油をからめてうまみを引き出す

ミニトマトが煮くずれして、水分がなくなっていればOK

| ワンボウル パスタ | 調理時間  15分 |

Napolitan
ナポリタン

みんなが大好きな日本生まれのパスタです。
ほんのり甘いトマトケチャップが
やわらかめのパスタにからんだ味と食感が大人気！
野菜ジュースを水分のベースにして、
コクとうまみを出すのがポイントです。

Yummy! Point

子どものころのスパゲッティといえば、ナポリタンでした。おしゃれな本格パスタメニューが出てきても、このなつかしい味が無性に食べたくなることってありませんか？ くたくたピーマンとソーセージの組み合わせって最強ですよね！

| **材料** （1人分） | | **準備** |

A
- **ウインナソーセージ** …… 2本
- **ピーマン** …… 1個（約40g）
- **玉ねぎの薄切り** …… ¼個分（約50g）
- **にんにくのあらいみじん切り** …… 1かけ分
- **赤とうがらし** …… ½本
- **塩** …… 小さじ¼
- **野菜ジュース（トマトベース・食塩無添加）**
  …… 1カップ

スパゲッティ（6分ゆで） …… 80g
オリーブ油 …… 大さじ1

準備
・ソーセージは1cm厚さの輪切りにする。
・ピーマンは縦に1cm幅に切る。

縦書き見出し：ワンボウル パスタ｜ナポリタン

STEP 1

レンジ加熱
ラップをかけて
600wで**5**分

材料をまぜて加熱する

耐熱ボウルに**A**と水¼カップを入れてまぜ合わせ、スパゲッティを半分に折って加える。ざっとまぜ、ラップをかけて電子レンジで5分加熱する。

STEP 2

レンジ加熱
ラップをかけて
600wで**3**分

まぜ合わせて加熱する

とり出して全体をまぜ合わせ、再びラップをかけて3分加熱する。

STEP 3

熱いうちにオリーブ油をまぜる

とり出して熱いうちにオリーブ油をまぜ合わせる。

加熱 **BEFORE**

レンジでチン!!

レンジでチン!!

加熱 **AFTER**

熱いうちにオリーブ油をまぜると、スパゲッティをほぐしやすい

| ワンボウル パスタ | 調理時間 🕐 > **15**分 |

Carbonara

カルボナーラ

卵とチーズの濃厚なソースで味わうパスタ、
カルボナーラはイタリア語で〝炭焼き職人〟のこと。
ですから、炭の粉をイメージして
仕上げに黒こしょうをたっぷり振るのが決まりです。
ひきたての黒こしょうを使って
豊かな香りを楽しんでください。

\ **Yummy! Point** /

失敗談を聞くことの多いカルボナーラですが、このワンボウルレシピなら成功まちがいなし。カルボナーラならではの濃厚なとろみはレンジ加熱後の余熱を利用するので、冷めないうちに手早くまぜてください！

材料 （1人分）

卵 …… 1個
A
- ベーコン …… 2枚（約40g）
- 塩 …… 小さじ¼
- オリーブ油 …… 大さじ1
- 牛乳 …… 1カップ
- 水 …… ¼カップ

スパゲッティ（6分ゆで）
　…… 80g
粉チーズ …… 大さじ2
あらびき黒こしょう
　…… 適量

準備

・卵は割りほぐす。
・ベーコンは1cm幅に切る。

ワンボウルパスタ｜カルボナーラ

STEP 1 　レンジ加熱　ラップをかけて 600wで 5分
材料をまぜて加熱する

耐熱ボウルにAを入れてまぜ合わせ、スパゲッティを半分に折って加える。ざっとまぜ、ラップをかけて電子レンジで5分加熱する。

STEP 2 　レンジ加熱　ラップをかけて 600wで 3分
まぜ合わせて加熱する

とり出して全体をまぜ合わせ、再びラップをかけて3分加熱する。

STEP 3
熱いうちにチーズ、卵をまぜる

とり出して熱いうちに粉チーズをまぜ、すぐにとき卵を加えて手早くまぜ合わせる。器に盛り、黒こしょうをたっぷり振る。

粉チーズ、卵は熱いうちにまぜると余熱でとろみがつく

ワンボウル パスタ　調理時間  15分

Pasta Puttanesca
パスタ プッタネスカ

辛みをきかせたトマトソースに、アンチョビー、オリーブ、ケーパーという個性的なトリオを組み合わせた、ちょっと大人の味のパスタです。

材料 （1人分）

A
- アンチョビー（フィレ） …… 2枚
- 黒オリーブ（種なし） …… 5粒
- ケーパー …… 小さじ1
- にんにくの薄切り …… 1/2かけ分
- オリーブ油 …… 大さじ1
- フライドオニオン（p.78） …… 大さじ1
- 赤とうがらし …… 1/4本

B
- トマト缶（カットタイプ） …… 1/2カップ
- 塩 …… 小さじ1/8
- ドライパセリ …… 小さじ1
- 水 …… 1カップ

スパゲッティ（6分ゆで） …… 80g

STEP 1 レンジ加熱　落としぶたをして600wで1分
材料をまぜて加熱する

耐熱ボウルにAを入れてまぜ合わせ、クッキングシートで落としぶた（p.11）をし、電子レンジで1分加熱する。

STEP 2 レンジ加熱　ラップをかけて600wで8分
スパゲッティを加えて加熱する

とり出してBを加えてまぜ、スパゲッティを半分に折って加え、ざっとまぜる。ラップをかけて8分加熱する。

STEP 3 熱いうちにまぜる

とり出して熱いうちにまぜ合わせる。

ワンボウル パスタ　調理時間 > **18**分

Penne Arrabbiata
ペンネ アラビアータ

ローマ発祥のピリリッと辛い、パスタです。
主な材料はにんにく、赤とうがらし、
トマト缶のたった3つ！

材料（1人分）

A
- 赤とうがらし …… 1本
- にんにくのみじん切り …… 1かけ分
- トマト缶（カットタイプ）…… 1カップ
- 塩 …… 小さじ½
- オリーブ油 …… 大さじ1
- 水 …… ½カップ

ペンネ …… 60g
オリーブ油 …… 適量
パセリのみじん切り …… 適量

準備

・赤とうがらしは種を除いて2〜3つにちぎる。

STEP 1 材料をまぜて加熱する
レンジ加熱　ラップをかけて600Wで10分

耐熱ボウルにAを入れてまぜ合わせ、ペンネを加えてざっとまぜる。ラップをかけて電子レンジで10分加熱する。

STEP 2 まぜ合わせて加熱する
レンジ加熱　ラップをかけて600Wで5分

とり出してまぜ合わせ、再びラップをかけて5分加熱する。

STEP 3 熱いうちにまぜる

とり出して熱いうちにまぜ合わせる。器に盛り、オリーブ油、パセリを振る。

パスタ以外のめんもおまかせ！ ワンボウルでアジアめん

オイスターソースのコクとうまみで
クセになるおいしさ！

野菜たっぷり中華風焼きうどん

調理時間 > **15**分

材料（1人分）

- キャベツのざく切り …… 2枚分（約100g）
- にんじんの短冊切り …… 20g
- 玉ねぎの薄切り …… 1/8個分（約25g）
- 豚こまぎれ肉 …… 100g
- A
  - オイスターソース …… 大さじ1
  - しょうゆ …… 小さじ1
  - ごま油 …… 小さじ1
- 冷凍うどん …… 1玉
- 酒 …… 大さじ1
- 万能ねぎの小口切り …… 適量

準備 ・豚肉は一口大に切り、Aをもみ込む。

STEP 1 材料を順に入れる

耐熱ボウルに玉ねぎ、冷凍うどん、にんじん、キャベツを重ね入れ、豚肉を調味料ごと広げてのせ、酒を回しかける。

STEP 2 加熱する

レンジ加熱　ラップをかけて600Wで8分

ラップをかけて電子レンジで8分加熱する。

STEP 3 熱いうちにまぜる

とり出して熱いうちによくまぜる。器に盛り、万能ねぎを散らす。

パスタに限らず、うどんやビーフンもワンボウルでパパッと作れます。
私のお気に入りは焼きうどん風と汁ビーフン。
自分流のアレンジを試してみては?

ビーフンに干しえびの風味を
たっぷり吸わせて

小松菜と干しえびの汁ビーフン

調理時間 > **15**分

材料 (1人分)

- **A**
  - めんつゆ (3倍濃縮) …… 小さじ2
  - 干しえび …… 小さじ1
  - 塩 …… 小さじ1/4
  - 水 …… 1.5カップ
- ビーフン …… 40g
- **B**
  - 小松菜のざく切り …… 1株分 (約50g)
  - にんじんのせん切り …… 20g
  - もやし …… 50g
  - ねぎの斜め薄切り …… 5cm分
- あらびき黒こしょう …… 適量

STEP 1 材料を順に入れる
耐熱ボウルにAを入れてまぜ合わせ、ビーフンを入れ、Bを広げてのせる。

レンジ加熱 ラップをかけて600Wで5分

STEP 2 加熱する
ラップをかけて電子レンジで5分加熱する。

STEP 3 熱いうちにまぜる
とり出して熱いうちによくまぜる。器に盛り、黒こしょうを振る。

47

one bowl cooking
Part **3**

ワンボウル スープ

野菜や肉、魚介など具たっぷりのスープや汁物が
フライパンやなべを使わずに作れます！
準備ができたら電子レンジに入れてほったらかしにできるから
ほかのおかず作りに時間がさけるのも魅力。
スープのもとやだしを使わずに、
材料の風味を生かして作るのがヤミー流です。
忙しい朝食や、時間のない日のもう1品に大活躍してくれるはず。

ワンボウル スープ のおいしいコツ

かたい野菜は先に加熱して

にんじんやごぼうなど火の通りにくい野菜は先に加熱してやわらかくしておくと、味がよくなじみ、加熱ムラなく仕上がります。

牛乳はふきこぼれやすいので注意して

牛乳や豆乳は煮立つとふきこぼれやすいので、加熱しすぎに注意しましょう。

味が濃いと感じたら

途中で水分を足すと加熱時間が変わってしまうので、完成してから湯で調整してください。

ワンボウル スープ

Minestrone
ミネストローネ

本来ならコトコト長時間煮込んで作る
ミネストローネを20分で作れちゃう
レシピにしました。
野菜の栄養や風味がまるごと味わえて、
短時間で作ったとは思えない深い味わいです。
おうちにある野菜でアレンジしてもだいじょうぶですよ！

Yummy! Point

これ1杯で満足できて、野菜もたっぷり！
豆やパスタを加えてじっくり煮込むのが
本来の作り方ですが、もっと手軽にでき
るワンボウルレシピを考えました！

49

| ワンボウル スープ | 調理時間 > **20**分 |

Minestrone
ミネストローネ
の作り方

STEP 1
レンジ加熱 ラップをかけて 600wで5分

材料をまぜて加熱する

耐熱ボウルに **A** を入れてよくまぜ、ラップをかけて電子レンジで5分加熱する。

加熱 BEFORE

レンジでチン!!

| 材料 | （2人分） |

A
- じゃがいも …… 1個（約100g）
- にんじん …… 1/2本（約75g）
- 玉ねぎ …… 1/4個（約50g）
- さやいんげん …… 8本（約60g）
- ベーコン …… 2枚（約40g）
- 塩 …… 小さじ1/4
- ローリエ …… 1枚
- オリーブ油 …… 大さじ1

B
- トマト缶（カットタイプ）…… 1/2缶（200g）
- 水 …… 1/2カップ

| 準備 |

・じゃがいも、にんじん、玉ねぎは1.5cm角に切る。
・いんげんは1.5cm長さに切る。
・ベーコンは1cm幅に切る。

よくまぜて、オリーブ油や塩をからめうまみアップ

STEP 2
トマト缶と水を加えて加熱する

レンジ加熱
ラップをかけて**600**wで**5**分

とり出して、Bを加えてまぜ合わせ、再びラップをかけて5分加熱する。

STEP 3
熱いうちにまぜる

とり出して熱いうちにまぜ合わせる。

レンジでチン!!

加熱 AFTER

トマト缶や水は野菜を加熱してから加えるのがポイント

火の通りが均一になるように熱いうちにまぜて

ワンボウルスープ｜ミネストローネ

| ワンボウル スープ | 調理時間 > **20**分 |

Tom yum goong
トムヤムクン

世界三大スープの一つといわれる、
タイ料理を代表するえびのスープです。
辛くてすっぱい味が特徴で、
一口食べたらやみつきになる魅力があります。
本場の材料がなくても作れるように、
身近な材料であの味を再現しました！

Yummy! Point

トムヤムクンのあの刺激的な辛すっぱい味が大好き！ タイ産のハーブやスパイスなど独特の食材がなくてもあの味が作れないか、と試行錯誤の結果、味の決め手はしょうが、ナンプラー、レモン汁の三つと気がついて完成させたレシピです。これに香菜があれば無敵！

52

材料 (2人分)

A
- 玉ねぎのすりおろし …… ½個分(約100g)
- にんにくのすりおろし …… 1かけ分
- サラダ油 …… 大さじ1
- 一味とうがらし …… 小さじ½
- ナンプラー …… 大さじ1
- 砂糖 …… 小さじ½

B
- えび …… 8尾(約100g)
- マッシュルーム …… 4個(約40g)
- しょうが …… 1かけ

- レモン汁 …… 大さじ1
- 香菜のざく切り …… ½カップ分

準備
- えびは尾を残して殻をむき、背に切り目を入れて背わたをとる。
- マッシュルームは半分に切る。
- しょうがは皮つきのまま薄切りにする。

STEP 1 材料をまぜて加熱する
レンジ加熱　ラップをかけて600Wで3分

耐熱ボウルに**A**を入れてよくまぜ、ラップをかけて電子レンジで3分加熱する。

STEP 2 残りの材料を加えて加熱する
レンジ加熱　ラップをかけて600Wで5分

とり出して熱いうちに、**B**を加えてよくまぜ、水1.5カップを加える。再びラップをかけて5分加熱する。

STEP 3 熱いうちにまぜる

とり出して熱いうちにまぜ、レモン汁を加える。器に盛って香菜を添える。

- 加熱 BEFORE
- 油や砂糖入りで焦げやすいので加熱時間に注意して
- レンジでチン!!
- 余熱でえびの色が変わるまで、手早くまぜる
- レンジでチン!!
- 香りを生かすようにレモン汁は仕上げに加える
- 加熱 AFTER

| ワンボウル スープ | 調理時間 > 15分 |

Cream Soup
きのこのクリームスープ

バターで小麦粉をいためて牛乳を加えて〜、と
クリームスープのベース作りはちょっとめんどうなもの。
そんなときはワンボウルのレンチンレシピにおまかせ！
なべで作るような濃厚なとろみとはひと味違う、
ホッとするやさしい口当たりです。

Yummy! Point

ワンボウルでレンチンするだけ。加熱している間に目玉焼きやトーストを準備すれば、スピーディーに理想的な朝ごはんが完成します。なめらかに仕上げるコツは、小麦粉は粉っぽさがなくなるまでよ〜くまぜて、牛乳は少しずつ加えてまぜること！

きのこのクリームスープ

材料 (2人分)

A
- しめじ …… 1/2パック (約50g)
- マッシュルーム …… 5個 (約50g)
- 玉ねぎ …… 1/4個 (約50g)

- 塩 …… 小さじ1/2
- バター …… 20g
- 小麦粉 …… 大さじ2
- 牛乳 …… 1.5カップ
- ドライパセリ …… 適量

準備
・しめじ、マッシュルーム、玉ねぎはあらいみじん切りにする。

STEP 1　材料をまぜて加熱する
レンジ加熱　ラップをかけて600wで3分

耐熱ボウルにAを入れ、塩を振ってバターをのせ、ラップをかけて電子レンジで3分加熱する。

STEP 2　粉、牛乳を加えて加熱する
レンジ加熱　ラップをかけて600wで5分

とり出して熱いうちに小麦粉を加えてしっかりまぜ、牛乳を少しずつ加えながらまぜる。再びラップをかけて5分加熱する。

STEP 3　熱いうちにまぜる

とり出して熱いうちによくまぜる。器に盛ってドライパセリを振る。

- 加熱BEFORE：きのこがくたくたになるまで加熱
- レンジでチン!!
- レンジでチン!!
- 加熱AFTER
- 粉が見えなくなったら、牛乳を少量ずつ数回に分けて加え、そのつどよくまぜる

ワンボウルスープ　きのこのクリームスープ

| ワンボウル スープ | 調理時間 🕐 > 15 分 |

Tonjiru
豚汁

熱々ごはんとともに食べたい、
具だくさんで食べごたえ満点の豚汁。
豚肉や根菜からうまみが出るので
だしをとったり、
具をいためたりする必要はありません。
お料理ビギナーさんにも
おすすめのレシピです。

\ Yummy! Point /

おいしく作るコツは、かたい野菜を先に加熱して味を含みやすくしておくことと、みその香りを楽しむために、みそは2回に分けて加えること。これさえ守れば具は好みでアレンジしてもOKです。

材料（2〜3人分）

豚バラ薄切り肉 …… 100g
A ┌ ごぼう …… 1/3本（約50g）
  │ にんじん …… 1/2本（約75g）
  └ 大根 …… 2cm（約50g）
ごま油 …… 小さじ2
ねぎ …… 1/2本（約50g）
みそ …… 大さじ2
七味とうがらし …… 適量

準備

・豚肉は2cm幅に切る。
・ごぼうは斜め薄切りにして水にさらし、水けをきる。
・にんじんは5mm厚さの半月切りにする。
・大根は一口大のいちょう切りにする。
・ねぎは1cm厚さの小口切りにする。

ワンボウルスープ｜豚汁

STEP 1 　レンジ加熱　ラップをかけて600Wで5分
かたい野菜を加熱する

耐熱ボウルにAを入れてごま油をまぜ、水1/2カップを加える。ラップをかけて電子レンジで5分加熱する。

STEP 2 　レンジ加熱　ラップなしで600Wで3分
豚肉、みその半量、水を加えて加熱する

とり出して熱いうちに豚肉、ねぎ、みその半量を加えて手早くまぜ、水1/2カップを加える。ラップなしで3分加熱する。

STEP 3
熱いうちに残りのみそをまぜる

とり出して熱いうちに残りのみそを加えて手早くまぜる。器に盛って七味とうがらしを振る。

加熱 BEFORE → レンジでチン!! → レンジでチン!! → 加熱 AFTER

火の通りにくい野菜を先に加熱する

余熱で豚肉の色が変わるまで手早くまぜる

みその風味を生かすため、みその半量は仕上げに加える

ヤミーさんのとっておき！ワンボウルで

かぼちゃと相性のよいバター&牛乳で
かぼちゃの冷製スープ

調理時間  >**15**分

材料（2人分）と作り方

1 **冷凍かぼちゃ150g**は耐熱ボウルに入れてラップをかけ、電子レンジで3分加熱する。

2 とり出して、熱いうちにかぼちゃの皮をとり除き、**塩小さじ¼**、**バター10g**を加える。フォークなどでしっかりつぶし、**ナツメグ少々**を振り、ゴムべらでなめらかになるまでねりまぜる。

3 **冷たい牛乳⅔カップ**を少しずつ、数回に分けてまぜながらのばす。冷蔵庫で冷やし、器に盛って**ドライパセリ少々**を振る。

とろ～り！
なめらかな食感を味わって
アボカドのミルクスープ

調理時間  >**10**分

材料（2人分）と作り方

1 耐熱ボウルに**玉ねぎのみじん切り¼個分（約50g）**を入れ、**塩小さじ¼**、**オリーブ油大さじ1**をまぜ、ラップなしで電子レンジで3分加熱する。

2 **アボカド½個（約75g）**は皮と種を除き、**レモン汁小さじ1**とともに1に加える。フォークなどでしっかりつぶし、ゴムべらでペースト状になるまでねりまぜる。

3 **冷たい牛乳⅔カップ**を少しずつ、数回に分けてまぜながらのばし、冷蔵庫で冷やす。

冷たいスープ

ワンボウルでレンジ加熱したら、水分を加えて冷やせば完成！ 火を使わずに作れる冷製スープです。
※調理時間に冷やす時間は含まれていません。

トマトとワインビネガーの酸味が新鮮！
角切り野菜のサワースープ

調理時間  15分

材料（2人分）と作り方

1. **なす1個(約80g)**、**ズッキーニ1/4本(約50g)**、**トマト1/2個(約75g)** は、1.5cm角に切る。**にんにく1かけ** は包丁の腹で押しつぶす。

2. 耐熱ボウルに1を入れ、**塩小さじ1/4**、**オリーブ油大さじ1** を加えてまぜ合わせ、**ローリエ1枚** を加える。ラップをかけて電子レンジで5分加熱する。

3. にんにく、ローリエを除き、**白ワインビネガー小さじ2** を加えて冷まし、**冷水2/3カップ** を加え、冷蔵庫で冷やす。

ヨーグルト風味がポイントのロシアの夏の定番
ハムとじゃがいものロシア風冷製スープ

調理時間  10分

材料（2人分）と作り方

1. **じゃがいも1個(約100g)** は皮をむいて1cm角に切り、耐熱ボウルに入れてラップをかけ、電子レンジで2分30秒加熱する。

2. **きゅうり1/2本**、**ロースハム2枚** も1cm角に切る。

3. 1に**万能ねぎの小口切り小さじ1**、**塩小さじ1/4**、**レモン汁小さじ1** を加えてよくまぜる。あら熱がとれたら2、**プレーンヨーグルト1/2カップ** を加えてまぜ、**冷水1/2カップ** をまぜる。冷蔵庫で冷やし、器に盛り、あればディルを散らす。

one bowl cooking
Part
4
ワンボウル ごはん

主食とおかずが合体した、
具だくさんのごはん物ならこれ1品で大満足！
定番のチキンライスから、おしゃれなリゾット風、中華風のおかゆまで
どれも15分前後で作れるのに、見た目も味も手抜き感はゼロ！
忙しい日の1～2人ランチにおすすめです。

ワンボウルごはんのおいしいコツ

\ 水分のかげんを チェック /

\ まぜて水分を とばす /

\ あたたかい ごはんを使う /

具を加熱したのに水分があまりとんでいないときは、20～30秒ずつ追加加熱して調整します。

加熱後、熱いうちにまぜると水分はとびやすくなります。

ごはんが冷たいと具やソースとよくなじまず、加熱時間も変わってしまいます。必ずあたたかいごはんを使いましょう。

ワンボウル ごはん

Tomato Chicken Rice
トマトチキンライス

ホントにレンチン？と疑いたくなるほどしっかりいためたおいしさに仕上がります。
その秘訣は、食材と調味料をしっかり加熱して味を凝縮しながら余分な水けをとばすこと。
このうまみのもとを熱々ごはんにまぜたらでき上がりです。

Yummy! Point

残りごはんはいつもチャーハン、って芸がないかなと思い、ワンボウルでチキンライスに挑戦。これが大成功！ トマトケチャップを使わずに、トマト缶で甘さ控えめに作るのがヤミー流です。卵をプラスしてオムライスにアレンジするのもおすすめ！

ワンボウル ごはん　調理時間 > **20**分

Tomato Chicken Rice
トマトチキンライス
の作り方

STEP 1
材料をまぜる

耐熱ボウルに準備した材料を入れてAを加え、よくまぜる。

トマト缶が全体に
からむまでよくまぜて

材料（2人分）

鶏もも肉 …… 1/2枚（約150g）
塩 …… 少々
玉ねぎ …… 1/2個（約100g）
ピーマン …… 1個（約40g）
マッシュルーム …… 4個（約40g）
A ┌ オリーブ油 …… 大さじ1
　├ 塩 …… 小さじ1/4
　└ **トマト缶（カットタイプ）**
　　　…… 1/2缶（200g）
あたたかいごはん …… 400g
あらびき黒こしょう …… 適量

準備

・鶏肉は2cm角に切って塩をまぶす。
・玉ねぎ、ピーマンは1cm角に切る。
・マッシュルームは2等分に切る。

ワンボウルごはん｜トマトチキンライス

STEP 2
加熱する

レンジ加熱
落としぶたをして
600Wで10分

クッキングシートで落としぶた(p.11)をし、電子レンジで10分加熱する。

STEP 3
熱いうちに
ごはんをまぜる

とり出して熱いうちにごはんをまぜる。器に盛り、黒こしょうを振る。

加熱 BEFORE

レンジでチン!!

加熱 AFTER

落としぶたをして、野菜から出る水分にとろみがつくまで加熱

まだ水分が多かったら20〜30秒追加加熱する

熱いうちにまぜると水分がとびやすい

Yummy! Point

「ユッケジャンクッパ」は、牛肉にもやしやわらびなどの野菜を加えて何時間も煮込んで作る辛いスープ〝ユッケジャン〟をごはんにかけて食べる韓国名物。辛いのが好きな人は、赤とうがらしをプラスして。

ワンボウルごはん｜調理時間 🕐 ＞ **15**分

Yukgaejang Gukbap

牛肉と野菜のクッパ

たっぷりの牛肉と野菜が入った真っ赤なスープ「ユッケジャン」を
ごはんにかけて食べる韓国風の汁かけごはんです。
とにかく熱々がおいしいので、2回目の加熱に入ったらとき卵を準備して、
ごはんも器に盛っておきましょう。
おなかがすいているときは、もやしやねぎを加えてボリュームアップ！

> ワンボウルごはん ― 牛肉と野菜のクッパ

材料 （2人分）

- 牛切り落とし肉 …… 100g
- 砂糖 …… 小さじ1
- A
  - しょうがのすりおろし …… 小さじ1
  - コチュジャン …… 小さじ2
  - しょうゆ …… 大さじ2
  - ごま油 …… 小さじ2
- にんじん …… 1/4本（約40g）
- しいたけ …… 2個（約50g）
- B
  - にらのざく切り …… 30g
  - 水 …… 2カップ
- とき卵 …… 1個分
- あたたかいごはん …… どんぶり2杯分
- いり白ごま …… 適量

準備

- 牛肉は食べやすく切ってポリ袋に入れて砂糖をもみ込み、Aを加えてさらにもみ込む。
- にんじんは短冊切りにする。
- しいたけは薄切りにし、軸はこまかく裂く。

STEP 1 具を加熱する
レンジ加熱 ラップをかけて 600Wで3分

耐熱ボウルににんじん、しいたけを入れ、牛肉をもみ込んだ汁ごとのせる。ラップをかけて電子レンジで3分加熱する。

STEP 2 にら、水を加えて加熱する
レンジ加熱 ラップをかけて 600Wで5分

とり出してBを加えてまぜ、再びラップをかけて5分加熱する。

STEP 3 熱いうちにとき卵をまぜる

とり出して熱いうちにとき卵を回し入れて、ざっとまぜる。器に盛ったごはんにかけ、ごまを振る。

加熱 BEFORE → レンジでチン!! → レンジでチン!! → 加熱 AFTER

卵は余熱で火が通るように、熱いうちに加えて

Yummy! Point

このリゾットのレシピは、体調をくずして何もする元気がないときに「何か食べなきゃ！」と思いついたものです。そのときは冷蔵庫にあったベーコンとチーズだけでしたが、今回は季節の野菜を加えて彩りもヘルシー度もアップ。

ワンボウル ごはん　調理時間 🕐 > **15**分

Bacon & Greenpeas Risotto

ベーコンとグリーンピースのリゾット風

本来は生のお米から作るイタリアの米料理・リゾットもワンボウルで気軽に作れます。
具を先に加熱して、ごはんと水を加えて再度加熱したらでき上がり！
おいしさの決め手になるバターは、熱々のうちに加えて香りを生かすのがコツです。

ベーコンとグリーンピースのリゾット風

材料 (2人分)

A
- ベーコン …… 2枚（約40g）
- グリーンピース（むき身） …… 50g
- 玉ねぎ …… 1/4個（約50g）
- にんにく …… 1かけ
- オリーブ油 …… 大さじ1
- 塩 …… 小さじ1/2

白ワイン …… 大さじ2

B
- あたたかいごはん …… 300g
- 水 …… 1.5カップ

バター …… 10g
塩、こしょう …… 各適量
粉チーズ …… 適量

準備
・ベーコンは1cm幅に切る。
・玉ねぎはあらいみじん切りにする。
・にんにくはつぶす。

STEP 1　具を加熱する
レンジ加熱　ラップをかけて 600wで3分

耐熱ボウルに**A**を入れてまぜ、白ワインを加える。ラップをかけて電子レンジで3分加熱する。

STEP 2　ごはん、水を加えて加熱する
レンジ加熱　ラップをかけて 600wで5分

とり出してにんにくを除き、**B**を加えてまぜる。再びラップをかけて5分加熱する。

STEP 3　熱いうちにバターをまぜる

とり出して熱いうちにバターを加え、塩、こしょうを振ってまぜる。器に盛って粉チーズを振る。

熱いうちにバターを加え、とかしながらまぜて

Yummy! Point

夜遅くに小腹がすいたときや、手早くすませたい朝ごはんによく作る中華風のぞうすいです。ポイントは、魚のくさみが出ないように酒を振っておくことと、魚の骨はちゃんととり除いておくこと！

ワンボウル ごはん　　調理時間 ⏱ > **15**分

Chinese style Porridge of Salmon

塩鮭の中華風ぞうすい

大きめに切った鮭が主役！
ごま油の香りが食欲をそそる食べごたえ満点のぞうすいです。
ねぎ、しょうがの風味をきかせているので、
スープのもとやだしを使わなくてもうまみはじゅうぶん。
作るたびに、おかわり必至のお気に入りレシピです！

ワンボウルごはん｜塩鮭の中華風ぞうすい

材料（2人分）

- 甘塩鮭 …… 1切れ（約100g）
- 酒 …… 大さじ1
- A
  - しょうがのせん切り …… 1かけ分
  - ねぎのせん切り …… 5cm分
  - 塩 …… 小さじ¼
  - ごま油 …… 小さじ1
- あたたかいごはん …… 200g
- しょうゆ …… 適量

準備

・鮭は一口大に切って骨を除き、酒をからめる。

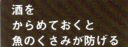

酒をからめておくと魚のくさみが防げる

STEP 1　具を加熱する
レンジ加熱　ラップをかけて 600Wで5分

耐熱ボウルに鮭、Aを入れ、水1カップを加える。ラップをかけて電子レンジで5分加熱する。

STEP 2　ごはん、水を加えて加熱する
レンジ加熱　ラップをかけて 600Wで3分

とり出してごはん、水1カップを加えてざっとまぜ、再びラップをかけて3分加熱する。

STEP 3　熱いうちにまぜる

とり出して熱いうちにざっとまぜ、味をみてしょうゆを加えて味をととのえる。

加熱BEFORE → レンジでチン!! → レンジでチン!! → 加熱AFTER

まぜすぎると粘りが出るので、水を加えたらざっとまぜるのがコツ

塩鮭の塩分によって、しょうゆの分量はかげんして

ヤミーさんのとっておき！ワンボウルで

大人気タイごはん、鶏肉のバジルいため。
お好みで目玉焼きをのっけてどうぞ！

ガパオライス

調理時間 > **15**分

材料 （2人分）

- 鶏胸肉 …… 1枚（約250g）
- 玉ねぎ …… ½個（約100g）
- パプリカ（赤）…… ½個（約75g）
- にんにくの薄切り …… 1かけ分
- A
  - 一味とうがらし …… 小さじ¼
  - 砂糖 …… 小さじ½
  - ナンプラー …… 小さじ2
  - オイスターソース …… 小さじ2
  - 水 …… ¼カップ
  - かたくり粉 …… 小さじ1
- バジル …… 10枚
- あたたかいごはん …… 茶わん2杯分

準備
- 鶏肉は皮を除いてこまかく切り、Aをもみ込む。
- 玉ねぎは1cm角に切る。
- パプリカは斜め細切りにする。

STEP 1 材料を順に入れる
耐熱ボウルに、パプリカ、玉ねぎ、にんにくを入れ、鶏肉をもみ込んだ汁ごとのせる。

STEP 2 加熱する
レンジ加熱　ラップをかけて600Wで8分
ラップをかけて電子レンジで8分加熱する。

STEP 3 熱いうちにバジルをまぜる
とり出して熱いうちにバジルをちぎって加え、まぜる。ごはんとともに盛りつける。

のっけごはん

あたたかいごはんにワンボウルで作った具をのせるだけ。
さっと作れておなかいっぱい!
きょうのランチにさっそくいかが?

野菜がたっぷり食べられる卵丼です。
とろ〜り卵が好きな人は、40秒加熱でOK!

野菜ときのこの卵とじ丼

調理時間 > **10** 分

材料 (1人分)

キャベツ …… 1枚(約50g)
しめじ …… 25g
ピーマン …… 1個(約40g)
A ┌ しょうゆ、みりん …… 各大さじ1
  │ ごま油 …… 小さじ1
  │ 砂糖 …… 小さじ1/2
  └ 水 …… 大さじ2
とき卵 …… 1個分
あたたかいごはん …… 茶わん1杯分

準備
・キャベツは一口大に切る。
・しめじは食べやすくほぐす。
・ピーマンは縦に細切りにする。

STEP 1 レンジ加熱 ラップをかけて 600wで3分

材料を加熱する

耐熱ボウルに準備した材料とAを入れてまぜる。ラップをかけて電子レンジで3分加熱する。

STEP 2 レンジ加熱 ラップをかけて 600wで40秒

卵を加えて加熱する

とり出してざっとまぜ、とき卵を回し入れて再びラップをかけ、40〜60秒加熱する。

卵の半熟かげんは好みで、加熱時間を調節して

STEP 3

ごはんにのせる

とり出して、熱いうちに器に盛ったごはんにのせる。

ヤミーさんのとっておき！ ワンボウルで

おからをチンして具をまぜるだけ！
おからサラダ

| 材料（4人分）と作り方 | 調理時間  10分 |

1 耐熱ボウルに<u>おから1カップ</u>を入れ、ラップなしで電子レンジで3分40秒加熱する。

2 <u>きゅうり1本</u>は小さめの乱切りにし、<u>塩小さじ½</u>を振って軽くもむ。<u>ドライトマト3個</u>はぬるま湯でさっと洗い、みじん切りにする。

3 1に<u>マヨネーズ、牛乳各大さじ2、こしょう小さじ½</u>を加えまぜ、2、<u>ツナ缶80g</u>を缶汁ごと加えてまぜる。

作りおきがおすすめ！
玉ねぎのイタリア風甘酢煮

| 材料（2人分）と作り方 | 調理時間 8分 ※冷ます時間は除く |

1 <u>玉ねぎ1個</u>は食べやすい大きさのくし形に切る。

2 耐熱ボウルに 1、<u>オリーブ油大さじ1</u>と、<u>バルサミコ酢、水各大さじ2、レーズン、松の実各大さじ1</u>を入れてよくまぜる。

3 ラップをかけて電子レンジで5分加熱する。熱いうちに<u>塩小さじ⅛</u>を加えて味をととのえ、冷ます。

クミン＆レモンが味の決め手
大根のインド風サラダ

| 材料（2～4人分）と作り方 | 調理時間 5分 ※冷やす時間を除く |

1 <u>大根5cm</u>はスライサーで薄切りにする。

2 耐熱ボウルに、種をとってちぎった<u>赤とうがらし1本分、砂糖、クミンパウダー各小さじ½、塩、こしょう各小さじ¼、酢、サラダ油各大さじ1</u>を入れてまぜ、ラップをかけて電子レンジで50秒加熱する。

3 とり出して熱いうちに 1 を加えてあえる。<u>レモン汁小さじ2</u>をまぜ、冷蔵庫で冷やす。

サイドメニュー

野菜おかずをもう1品、というときに活躍してくれる、ワンボウルで作るサブおかずです。わが家の食卓には欠かせないお気に入りの6品をご紹介します。

にんじんの甘さがきわ立つさっぱり味
にんじんのマリネ

材料(2人分)と作り方　調理時間 > **5**分　※冷ます時間は除く

1 <u>にんじん1本</u>は5cm長さ、1cm角の棒状に切る。<u>にんにく1かけ</u>はつぶしてしんを除く。

2 耐熱ボウルに**1**を入れ、ラップをかけて電子レンジで3分加熱する。

3 とり出して熱いうちに、<u>塩小さじ¼</u>、<u>こしょう小さじ⅛</u>、<u>レモン汁大さじ1</u>、<u>オリーブ油大さじ2</u>を加えてまぜる。完全に冷めるまで1時間ほどおく。器に盛って<u>あらびき黒こしょう少々</u>を振る。

食べだしたら止まらない！
アンチョビーポテト

材料(1人分)と作り方　調理時間 > **6**分

1 耐熱ボウルに、<u>にんにくのみじん切り¼かけ分</u>、<u>アンチョビー(フィレ)のみじん切り2枚分</u>を入れ、クッキングシートで落としぶた(p.11)をし、電子レンジで30秒加熱する。

2 <u>じゃがいも1個</u>は皮つきのままラップで包み、電子レンジで3分加熱して皮をむく。

3 **1**のボウルに、**2**、<u>バター15g</u>を加え、じゃがいもをつぶしながらまぜる。

ぽってり、なめらかな口当たりが大人気
クリーミーマッシュポテト

材料(作りやすい分量)と作り方　調理時間 > **5**分

1 耐熱ボウルに<u>マッシュポテトのもと¼カップ</u>、<u>バター40g</u>を入れ、ラップをかけて電子レンジで1分10秒加熱する。

2 とり出して熱いうちによくまぜ、<u>牛乳¾カップ</u>を加えてさらにまぜ、再びラップをかけて2分20秒加熱する。

3 熱いうちによくまぜ、<u>塩小さじ⅛</u>を加えて味をととのえる。器に盛って<u>ドライパセリ少々</u>を振る。

材料を持っていくだけ!
ワンボウル弁当

材料をまとめて耐熱容器に詰めて、職場や学校など出先の電子レンジでチンするだけ!
「お弁当なのに作りたてが味わえちゃう!」と大好評をいただいた画期的なレシピです。
1人分ずつ用意しておけば、家族のお留守番ごはんにも便利です。

ラタトゥイユ風の野菜と、熱湯で蒸らすだけで食べられるクスクスを組み合わせて
野菜の煮込みとクスクス

| 材料 | （1人分） |

じゃがいも …… 1/2個（約50g）
ズッキーニ …… 1/4本（約50g）
玉ねぎ …… 1/4個（約50g）
ミニトマト …… 6個
にんにく …… 1かけ
A ┌ カレー粉 …… 小さじ1/2
  │ オリーブ油 …… 大さじ1
  └ 塩 …… 小さじ1/4
B ┌ クスクス …… 1/2カップ
  └ バター …… 40g

作り方

1 じゃがいもは半月切りにして水にさらし、よく水けをきる。ズッキーニは5cm長さの棒状に切る。玉ねぎはくし形切りにする。ミニトマトはへたを除き、にんにくはつぶす。

2 耐熱の密閉容器に**1**を入れ、**A**をまぜる。別の密閉容器に**B**を入れる。

3 食べるときに、野菜を入れた容器にラップをかけて電子レンジで5分加熱する。その間に**B**を入れた容器に熱湯1/2カップを注ぎ、ふたをして5分蒸らしてまぜ、野菜といっしょに食べる。

切った野菜と調味料を容器に入れ、食べたいときにレンジ加熱するだけ。熱湯で蒸らしたクスクスにかけてまぜながら召し上がれ。

加熱ずみの食材だから短時間加熱で深い味わいに！
ツナキーマカレー

| 材料 | （1人分） |

ツナ缶 …… 1缶（80g）
ミックスビーンズ …… 50g
にんにく …… 1かけ

A［ フライドオニオン（p.78）
　　 …… 大さじ2
　 カレー粉 …… 小さじ2
　 塩 …… 小さじ1/4 ］
野菜ジュース …… 1本（190mℓ）
ごはん …… 適量

| 作り方 |

1 ツナは缶汁をきる。ミックスビーンズは水けをきる。にんにくはつぶす。

2 耐熱の密閉容器に **1**、**A** を入れる。

3 食べるときに **2** に野菜ジュースを加え、ラップなしで電子レンジで5分加熱し、熱いうちによくまぜる。別の容器に入れたごはんにかけて食べる。

食材と調味料を容器に入れ、食べたいときに野菜ジュースを加えて電子レンジへ。これで、ごはんにもパンにもよく合うカレーのでき上がり。

コーヒーミルクを加えるだけで本格クリームパスタに
アスパラベーコンのパスタ

| 材料 | （1人分） |

グリーンアスパラガス
　…… 2本（約40g）
ベーコン …… 1枚（約20g）
にんにく …… 1/2かけ
赤とうがらし …… 1/2本

A［ フライドオニオン（p.78）
　　 …… 大さじ1
　 塩 …… 小さじ1/4
　 こしょう …… 小さじ1/8 ］
スパゲッティ（6分ゆで）
　…… 80g
コーヒーミルク …… 3個

| 作り方 |

1 アスパラは3cm長さに切る。ベーコンは1cm幅に切る。にんにくはつぶし、赤とうがらしは種を除く。

2 **1**、**A** はそれぞれラップで包む。スパゲッティは半分に折る。合わせて耐熱の密閉容器に詰める。

3 食べるときに、**2** のラップを除いて水1カップを注ぎ、ラップをかけて電子レンジで5分加熱する。コーヒーミルクを加えてまぜ、さらに3分加熱し、熱いうちにまぜる。

用意した材料といっしょにコーヒーミルクを詰めれば、持ち運びもコンパクト。加熱するときに、材料を包んだラップを除き、コーヒーミルクをとり出して水を注げばOK。

\ヤミーさん教えて！/
ワンボウルクッキング Q&A

ワンボウルクッキングで、迷うこと、気になることなど「よくある質問」に、ヤミーさんがお答えします！

Q 耐熱のボウルを持っていません。何かで代用できますか？

A 深めのどんぶりや耐熱容器でだいじょうぶです！ 私も耐熱ボウルを持っていなかったときは、100円ショップで買った白いどんぶり（ボウルよりは少し小さめ）を使っていました。水分が多いレシピは深さがないとあふれる危険があるので、浅いものは避けて（p.10も参考に！）。

約21cm
約9cm
この本で使っているボウル

以前愛用していた私のどんぶり

Q ラップを〝かける〟or〝かけない〟とき、また落としぶたの使い分けは？

A
- ラップあり：水分をキープしたいとき
- ラップなし：水分をとばしたいとき
- 落としぶた：水分を適度にとばしつつ、飛びはねを防ぎたいとき

基本的には、水分をとばしたいかキープしたいかによって、使い分けています。水分をキープしたい煮物やスープはラップをかけます。逆に、適度に水分をとばしていため物風に仕上げたい場合はラップなしで加熱します。また、余分な水分をとばしながら飛びはねも防止したい場合はクッキングシートを落としぶた（p.11）のように使っています。仕上がりの様子で水けが多いようなら、ラップをとって再度加熱して調整していますよ。

Q 「レンジ調理だと肉がパサつく」イメージがありますが、しっとり仕上げるコツはありますか？

A レンジからとり出したあとも余熱で火が通るので、加熱しすぎを防ぐのが一番です。そんなときは表記の加熱時間より20～30秒短めに設定して、様子を見ながら追加で加熱しましょう。

また、ワンボウルクッキングの場合、ボウルの下部は熱が強く通るので、肉を下に入れるとかたくなる場合があります。水分の多い野菜を敷いた上に肉を広げてのせ、野菜から出てきた水分で肉が蒸されるようにするのがポイントです！

たとえば「鶏肉のカチャトーラ」(p.20)では、野菜の上に鶏肉をのせています。

Q 材料の切り方や大きさにコツはありますか？

A 通常の調理と同様に、かたい根菜は小さめに、火の通りやすい葉物やトマトなどやわらかい野菜は大きめに切ります。

ただ、私は電子レンジ調理の場合、時短を意識しているので、なべで調理するとき

よりも全体に小さめに切り、短時間で火が通るように工夫しています。にんじんやごぼうなど特にかたい野菜は、先に一度加熱してやわらかくしておくと味もしみやすくなります。

Q 加熱後、ラップのはずし方にコツはありますか？

A 加熱後にラップをはずすときは、蒸気でやけどをしないよう注意して！ 蒸気を避けて、**自分に遠い側から**ラップをはずしましょう。不安なときには、加熱後竹ぐしでラップを刺して穴をあけ、蒸気を抜いてからあけるとだいじょうぶです。

ラップはふんわりとかけて！ ぴっちりとかけてしまうと、加熱されて空気圧でラップがへこみ、破裂して食材が飛び散る危険性も。

Q 加熱不足だったときにはどうしたらいいですか？

A まだ加熱が必要と思ったときは、**10秒ずつ追加加熱**していきます。食材や電子レンジの機種によって変わるので、様子を見ながらかげんしましょう。

加熱しすぎが心配なとき
20～30秒ほど短い時間に設定し、様子を見ながら10秒ずつ追加加熱して。

Q この本の2人分レシピを4人分作りたいときは？

A **2人分レシピのまま、2回作ってください。**
材料と加熱時間を単純に2倍しても、火の通りぐあいなどが変わるのでうまくいかないことがあります。また、ワンボウルに材料が入りきらなかったり飛び散ったりと、失敗のもとに。

2人分レシピを1人分で作りたいとき
材料と加熱時間は記載の半分に設定し、様子を見ながら調整してください。

Q うちの電子レンジは500Wです。加熱時間はどのくらい長くすればよいですか？

A この本では600Wの出力の電子レンジでの加熱時間を目安にしています。お使いの電子レンジの出力が**500Wの場合は加熱時間を1.2倍に、700Wなら0.8倍**にします（下の表を参考に）。食材の個体差や機種によって多少の差があるので、加熱時間は様子を見ながら調節してください。

＼ この本で使用 ／

500W	600W	700W
40秒	30秒	30秒
1分10秒	1分	50秒
1分50秒	1分30秒	1分20秒
2分20秒	2分	1分50秒
3分	2分30秒	2分20秒
3分40秒	3分	2分40秒
4分50秒	4分	3分40秒
6分	5分	4分30秒
7分10秒	6分	5分20秒
8分20秒	7分	6分20秒
9分40秒	8分	7分10秒
10分50秒	9分	8分10秒
12分	10分	9分

＼ワンボウルクッキングにおすすめ！／
ヤミーさんのお気に入り食材＆調味料

レンチン調理の風味アップに便利なものばかり。
もちろん、ほかのメーカーのものでもOKですよ。
スーパーや輸入食材店、ネット通販などでさがして活用してみてください！

フライドオニオン
（キューネ）

新鮮な玉ねぎをカットして小麦粉と食塩を加え、植物性オイルでローストしています。サラダのトッピングにも便利ですが、私は煮込み料理などのいため玉ねぎのかわりに重宝しています。調理時間をぐっと短縮して味にコクを出せるのでおすすめ！

トマト缶
（ラ・プレッツィオーザ ダイストマト缶）

ワンボウルクッキングの場合、つぶしたり切ったりしないで使える〝ダイストマト缶〞がおすすめです。皮なしでこまかくカットされていて、トマトの風味が濃厚です。

アンチョビー
（マレッキアーロ フィレアンチョビ）

イタリアの有名ブランドが、シチリア島やスペイン沿岸で獲れたかたくちいわしを塩漬け発酵してオリーブ油に漬けたもの。製品によって塩けが違うので、味見をして塩の分量はかげんして。

ドライハーブ各種
（ギャバン）

少量を加えるだけで風味がワンランクアップするドライハーブやスパイスは私のキッチンに欠かせません。特に登場率が高いのが、イタリアンパセリやタイム、ローリエ。このほか、クミンやチリパウダーなど、料理に合わせて用意しておくといいですよ。

（左から）
ローリエ
タイム
イタリアンパセリ

オリーブ油
（ラニエリ エキストラバージン オリーブオイル）

100％イタリア産のオリーブを使用した高品質のオリーブ油を使っています。ちょっと贅沢ですが、豊かな香りが料理の味をグレードアップしてくれます。

ナンプラー
（メガシェフ）

高品質のかたくちいわしを使った塩分控えめのナンプラーです。風味がマイルドなのにちゃんとコクがあり、タイ料理のレストランでも使われています。

カレーパウダー
（インディアン）

ウコン、コリアンダー、クミン、ジンジャーなど、10種類以上のスパイスをブレンドしたカレー粉。辛みがマイルドなので気に入っています。加熱するとより香りが引き立つので、ワンボウルクッキングには最適です。

粉チーズ
（デリッチオ パルメザンチーズ）

粒が大きめで、塩味がまろやかなのにチーズの香りが濃厚な粉チーズです。味がしっかりしていて、値段もお手ごろ！

材料別さくいん

肉
ガパオライス …………………… 70
カレースープ …………………… 17
簡単レバーパテ ………………… 33
キーマカレー …………………… 14
キーマチーズトースト ………… 16
牛肉と野菜のクッパ …………… 64
タコミート ……………………… 32
筑前煮 …………………………… 28
チャプチェ風煮物 ……………… 30
トマトチキンライス …………… 62
ドライカレー風いためごはん …… 16
鶏肉のカチャトーラ …………… 20
豚汁 ……………………………… 56
ハッシュドビーフ ……………… 18
ハニーマスタードチキン ……… 33
豚肉のプルーン煮 ……………… 32
ミートオムレツ ………………… 17
野菜たっぷり中華風焼きうどん …… 46

肉の加工品
カルボナーラ …………………… 42
ソーセージポトフ ……………… 24
ナポリタン ……………………… 40
ハムとじゃがいもの
　ロシア風冷製スープ ………… 59
ベーコンとグリーンピースの
　リゾット風 …………………… 66
ミネストローネ ………………… 50

魚介
塩鮭の中華風ぞうすい ………… 68
トムヤムクン …………………… 52

魚介の加工品
アンチョビーポテト …………… 73
小松菜と干しえびの汁ビーフン …… 47
ツナキーマカレー ……………… 75
バーニャカウダ ………………… 33
パスタ プッタネスカ …………… 44

卵
カルボナーラ …………………… 42
ミートオムレツ ………………… 17
野菜ときのこの卵とじ丼 ……… 71

乳製品
アボカドのミルクスープ ……… 58
かぼちゃの冷製スープ ………… 58
カルボナーラ …………………… 42
キーマチーズトースト ………… 16
きのこのクリームスープ ……… 54
クリーミーマッシュポテト …… 73
タコミート ……………………… 32
ハムとじゃがいもの
　ロシア風冷製スープ ………… 59

野菜・きのこ・いも
アスパラベーコンのパスタ …… 75
アボカドのミルクスープ ……… 58
アンチョビーポテト …………… 73
おからサラダ …………………… 72
角切り野菜のサワースープ …… 59
かぼちゃの冷製スープ ………… 58
ガパオライス …………………… 70
カレースープ …………………… 17
きのこのクリームスープ ……… 54
牛肉と野菜のクッパ …………… 64
小松菜と干しえびの汁ビーフン …… 47
菜園風カラフルパスタ ………… 38
ソーセージポトフ ……………… 24
大根のインド風サラダ ………… 72
玉ねぎのイタリア風甘酢煮 …… 72
筑前煮 …………………………… 28
チャプチェ風煮物 ……………… 30
トマトチキンライス …………… 62
トムヤムクン …………………… 52
鶏肉のカチャトーラ …………… 20
豚汁 ……………………………… 56
ナポリタン ……………………… 40
にんじんのマリネ ……………… 73
バーニャカウダ ………………… 33
ハッシュドビーフ ……………… 18
ハムとじゃがいもの
　ロシア風冷製スープ ………… 59
ベーコンとグリーンピースの
　リゾット風 …………………… 66
まるごと玉ねぎの
　トマトシチュー ……………… 32
ミネストローネ ………………… 50
野菜たっぷり中華風焼きうどん … 46

野菜ときのこの卵とじ丼 ……… 71
野菜の煮込みとクスクス ……… 74
ラタトゥイユ …………………… 26

野菜加工品・乾物・豆
おからサラダ …………………… 72
キーマカレー …………………… 14
クリーミーマッシュポテト …… 73
タコミート ……………………… 32
チャナマサラ …………………… 22
チャプチェ風煮物 ……………… 30
ツナキーマカレー ……………… 75
トマトチキンライス …………… 62
鶏肉のカチャトーラ …………… 20
ナポリタン ……………………… 40
パスタ プッタネスカ …………… 44
パスタ ポモドーロ ……………… 36
豚肉のプルーン煮 ……………… 32
ペンネ アラビアータ …………… 45
まるごと玉ねぎの
　トマトシチュー ……………… 32
ミネストローネ ………………… 50

ごはん・パスタ・パン・めん
アスパラベーコンのパスタ …… 75
ガパオライス …………………… 70
カルボナーラ …………………… 42
キーマチーズトースト ………… 16
牛肉と野菜のクッパ …………… 64
小松菜と干しえびの汁ビーフン … 47
菜園風カラフルパスタ ………… 38
塩鮭の中華風ぞうすい ………… 68
トマトチキンライス …………… 62
ドライカレー風いためごはん …… 16
ナポリタン ……………………… 40
パスタ プッタネスカ …………… 44
パスタ ポモドーロ ……………… 36
ベーコンとグリーンピースの
　リゾット風 …………………… 66
ペンネ アラビアータ …………… 45
野菜たっぷり中華風焼きうどん … 46
野菜ときのこの卵とじ丼 ……… 71
野菜の煮込みとクスクス ……… 74

ヤミー

本名・清水美紀。美大卒業後、テキスタイルデザインの仕事を経て、輸入食材店に勤務。世界中の本格料理を3ステップの簡単レシピで紹介するレシピブログが大人気となり、ブログをまとめた書籍『ヤミーさんの3 STEP COOKING』（主婦の友社）は12万部を超えるベストセラーとなる。料理研究家として雑誌、テレビ、料理教室、企業とのレシピ開発など幅広く活躍中。『ぐるまぜパン』（主婦の友社）、『ヤミーのがんばらない毎日ごはん』（宝島社）、『4コマレシピ』（主婦と生活社）ほか著書多数。

ブログ
大変!!この料理簡単すぎかも...☆★3 STEP COOKING★☆
https://ameblo.jp/3stepcooking/

STAFF
撮影／〈新規撮影分〉千葉 充
　　　〈再掲載分〉山田洋二、主婦の友社写真課、清水美紀
スタイリング／坂上嘉代
料理アシスタント／玉利紗綾香、安部加代子
料理家マネジメント／葛城嘉紀、篠 明子、鈴木めぐみ（OCEAN'S）
制作協力／（株）ランダムウォーク社
デザイン／細山田光宣＋奥山志乃（細山田デザイン事務所）
構成・文／大嶋悦子（大嶋事務所）
編集協力／三澤茉莉、坂東璃生
編集担当／佐々木めぐみ（主婦の友社）

ワンボウルクッキング

2018年8月20日　第1刷発行

著　者　ヤミー
発行者　矢﨑謙三
発行所　株式会社主婦の友社
　　　　〒101-8911　東京都千代田区神田駿河台2-9
　　　　電話03-5280-7537（編集）
　　　　　　03-5280-7551（販売）
印刷所　大日本印刷株式会社

※本書は新規取材に、弊社刊行の『ヤミーさんの3STEP COOKING』シリーズ（2007〜2010）、『ヤミーさんの簡単すぎ！でも、本格味のパスタ100』（2012）のレシピを加え、編集したものです。

■本書の内容に関するお問い合わせ、また、印刷・製本など製造上の不良がございましたら、主婦の友社（電話03-5280-7537）にご連絡ください。
■主婦の友社が発行する書籍・ムックのご注文は、お近くの書店か主婦の友社コールセンター（電話0120-916-892）まで。
＊お問い合わせ受付時間　月〜金（祝日を除く）9:30〜17:30
主婦の友社ホームページ http://www.shufunotomo.co.jp/

©YUMMY 2018　Printed in Japan
ISBN978-4-07-432521-4
Ⓡ〈日本複製権センター委託出版物〉
本書を無断で複写複製（電子化を含む）することは、著作権法上の例外を除き、禁じられています。本書をコピーされる場合は、事前に公益社団法人日本複製権センター（JRRC）の許諾を受けてください。
また、本書を代行業者等の第三者に依頼してスキャンやデジタル化することは、たとえ個人や家庭内での利用であっても一切認められておりません。
JRRC〈http://www.jrrc.or.jp
eメール：jrrc_info@jrrc.or.jp
電話：03-3401-2382〉